Ernst Probst

Leni Riefenstahl - Die meisterhafte Regisseurin und Fotografin

GRIN Verlag

Bibliografische Information der Deutschen Nationalbibliothek:

Die Deutsche Bibliothek verzeichnet diese Publikation in der Deutschen National-
bibliografie; detaillierte bibliografische Daten sind im Internet über http://dnb.d-
nb.de/ abrufbar.

Impressum:

Copyright © 2012 GRIN Verlag, Open Publishing GmbH
Druck und Bindung: Books on Demand GmbH, Norderstedt Germany
ISBN: 978-3-656-18015-9

Dieses Buch bei GRIN:

http://www.grin.com/de/e-book/192778/leni-riefenstahl-die-meisterhafte-regisseurin-
und-fotografin

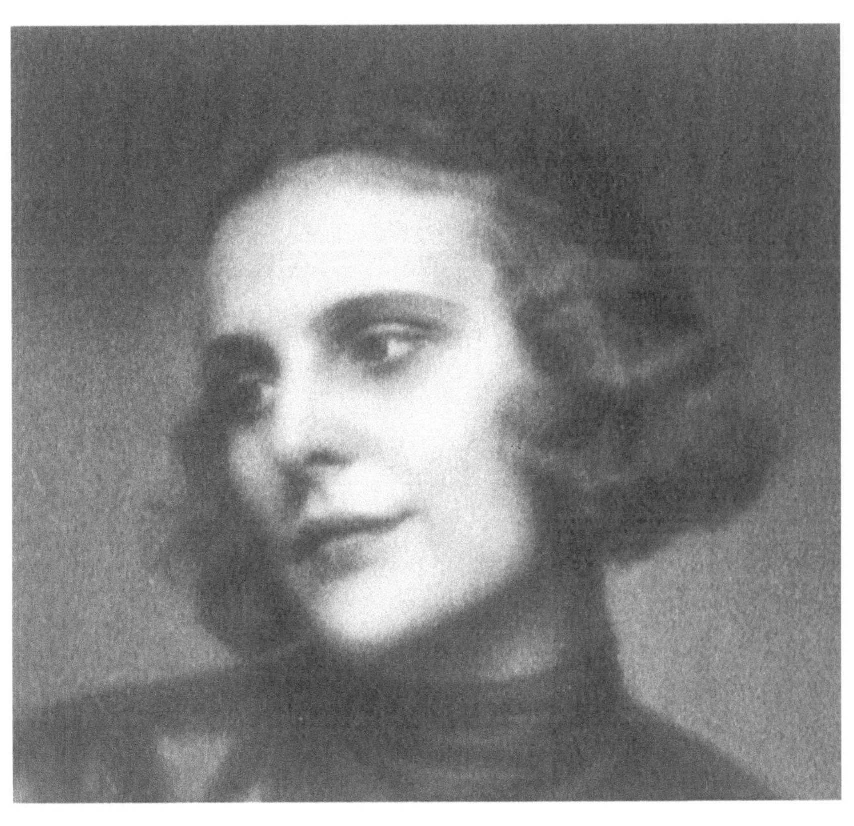

Leni Riefenstahl (1902–2003) auf einem Foto von 1923

Ernst Probst

Leni Riefenstahl

Die meisterhafte Regisseurin
und Fotografin

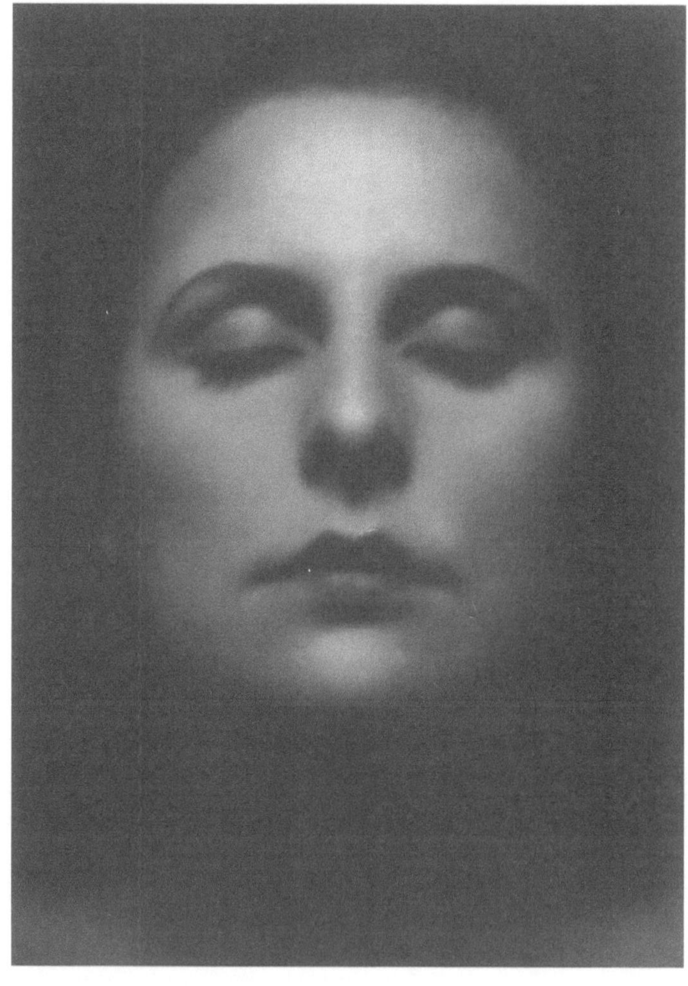

Leni Riefenstahl auf einem Foto von 1928

Leni Riefenstahl

Die meisterhafte Regisseurin und Fotografin

Deutschlands bedeutendste Regisseurin und Fotografin war Leni Riefenstahl (1902–2003). Ihr zweiteiliger Film über die „Olympischen Spiele 1936" gilt als Meisterwerk der Filmgeschichte und der Montagetechnik und zählt in Hollywood als einer der zehn besten Streifen, die jemals gedreht wurden. Später machte sie sich mit Fotos, die in Bildbänden und Ausstellungen gezeigt wurden, international einen Namen.

Helene Bertha Amalia Riefenstahl kam am 22. August 1902 in Berlin-Wedding zur Welt. Ihr Vater Alfred Riefenstahl lernte zunächst den Beruf eines Zimmermanns. Später wurde er Installateur und betrieb eine Firma für Heizungs- und Lüftungsanlagen. Ihre Mutter hieß Bertha Ida Riefenstahl, geborene Scherlach. Zweieinhalb Jahre nach Leni wurde ihr jüngerer Bruder Heinz geboren.

Im Alter von fünf Jahren kam die kleine Leni 1907 zum Schwimmclub „Nixe". Außerdem wurde sie Mitglied bei einem Turnverein und lernte Rollschuh- und Schlittschuhlaufen. Zudem erhielt sie fünf Jahre lang Klavierunterricht. Ihre Schulausbildung am „Kollmorgen'sche Lyzeum" schloss sie 1918 mit der „Mittleren Reife" ab.

Als 16-Jährige nahm Leni Riefenstahl mit Unterstützung ihrer Mutter, aber ohne Erlaubnis ihres sehr autoritären Vaters, monatelang Tanzunterricht an der „Helene-Grimm-Reiter-Schule". Dort wurden Ausdruckstanz und Ballett gelehrt. Nach dem ersten öffentlichen Auftritt von Leni als Tänzerin gab es heftigen Streit mit ihrem Vater, der von seiner Ehefrau und seiner Tochter absoluten Gehorsam erwartete. Weil seine Gattin und seine Tochter lange Zeit den Tanzunterricht vor ihm verheimlicht hatten, entstand eine schwere Familienkrise. Um zu verhindern, dass sie auf ein Internat musste, besuchte Leni Riefenstahl die „Staatliche Kunstgewerbeschule" in Berlin und belegt dort Mal- und Zeichenkurse. Ungeachtet dessen schickte der Vater sie 1919 auf ein Pensionat in Thale im Harz. Dort übte die willensstarke und künstlerisch begabte Leni heimlich Tanzen, spielte Theater und besuchte die Aufführungen der Freilichtbühne Thale.

Nach einem Jahr durfte Leni Riefenstahl 1920 das Pensionat in Thale verlassen. Anschließend arbeitete sie bis 1923 als Sekretärin in der Firma ihres Vaters und lernte Schreibmaschine, Stenografie und Buchhaltung. In ihrer Freizeit konnte sie mit Wissen des Vaters offizielle Tanzstunden an der „Helene-Grimm-Reiter-Schule" nehmen und in der Öffentlichkeit auftreten. Außerdem spielte sie Tennis.

Wegen unterschiedlicher Ansichten kam es erneut zum Streit zwischen Vater und Tochter. Diese Auseinandersetzungen hatten zur Folge, dass Leni Riefenstahl die elterliche Wohnung verließ.

In den Jahren 1921 bis 1923 genoss Leni Riefenstahl eine klassische Ballettausbildung bei der russischen Tänzerin Eugenie Eduardowa (1882–1960), die aus Sankt Petersburg nach Berlin gekommen war. Außerdem lernte sie Ausdruckstanz an der Tanzschule von Jutta Klamt (1890–1970). 1923 besuchte sie ein halbes Jahr lang in Dresden die Tanzschule von Mary Wigman (1886–1973).

Der Vater von Leni Riefenstahl hielt Tanz und Schauspielerei für halbseiden und erklärte, er werde ausspucken, wenn er jemals den Namen seiner Tochter an einer Litfasssäule lesen sollte. Ungeachtet dessen hatte Leni am 23. Oktober 1923 ihren ersten öffentlichen Solo-Auftritt in München. Bis 1924 unternahm sie eine Tournee als Solo-Tänzerin mit Auftritten in Berlin, Frankfurt am Main, Leipzig, Düsseldorf, Köln, Dresden, Kiel, Stettin, Zürich, Innsbruck und Prag. Doch bereits nach einem halben Jahr beendete eine Bänderzerrung am Knie vorläufig ihre tänzerische Bühnenkarriere.

Die damals noch unbekannte Leni Riefenstahl war in dem Film „Wege zu Kraft und Schönheit" (1925) erstmals auf der Kinoleinwand zu sehen. Dieser 104-minütige Streifen zeigt – laut Online-Lexikon „Wikipedia" – „Sport- und Gymnastikszenarien und andere

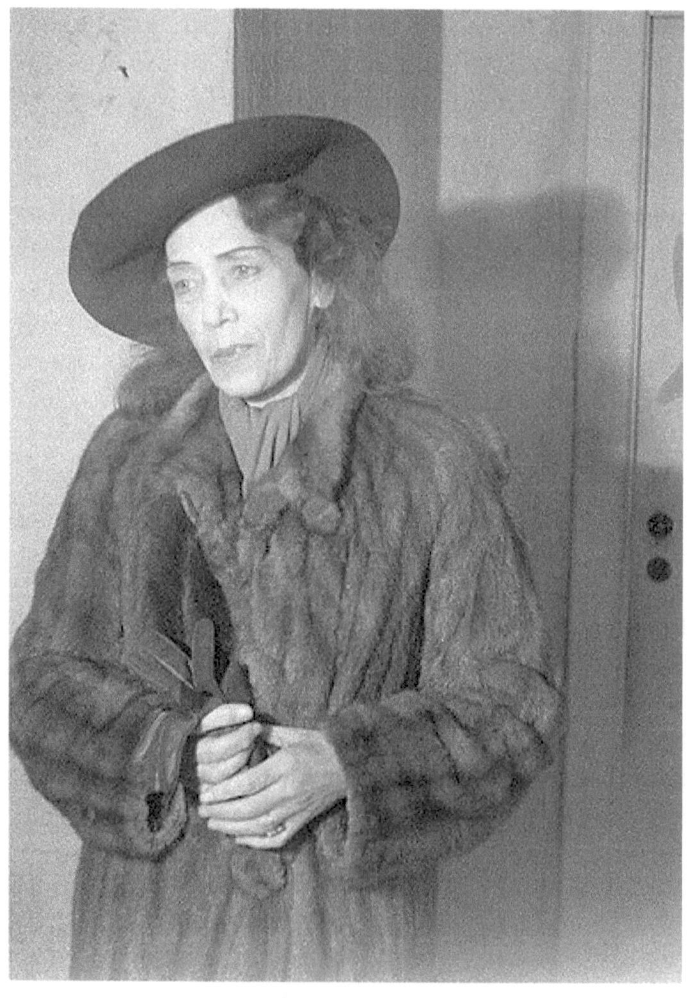

Tänzerin Mary Wigman (1886–1973)

Formen der Körperertüchtigung wie Tanz, aber auch Szenen aus der Badekultur, um einen gesunderen Umgang mit dem eigenen Körper im Einklang mit der Natur zu propagieren". Das „Lexikon des internationalen Films" urteilte hierüber: „Historischer Dokumentarfilm über die Entstehung der rhythmischen Gymastik als Massensprort, die zu Beginn des 20. Jahrhunderts einen so grundlegenden Wandel des Bewegungsverhaltens markierte, daß sie Auslöser einer neuen Körperkultur mit teilweise irrationaler Vergötterung des Leibes wurde ...“

Besonders fasziniert war Leni Riefenstahl von „Der Berg des Schicksals" (1924), dem ersten Film des deutschen Regisseurs Arnold Fanck (1889–1974). Als Hauptdarsteller fungierte der aus Tirol stammende Bergsteiger Luis Trenker (1892–1990). Letzterer war zunächst nur als Bergführer engagiert, durfte aber später den Hauptdarsteller ersetzen, als man bei den Dreharbeiten feststellte, dass dieser nicht Bergsteigen konnte.

Leni reiste in die Berge, traf sich mit Trenker und übergab ihm einen an Fanck adressierten Brief. Fanck und Riefenstahl trafen sich 1925 erstmals in Berlin. Während Leni am Meniskus operiert wurde, schrieb Fanck das Drehbuch für „Der heilige Berg" (1926). Als Leni wieder gesund war, begannen die Filmaufnahmen in den Dolomiten. Hierfür lernte sie Skilaufen und Bergsteigen. In „Der heilige Berg" spielte Leni die Tänzerin Diotima. Zudem begeisterte sie sich für das

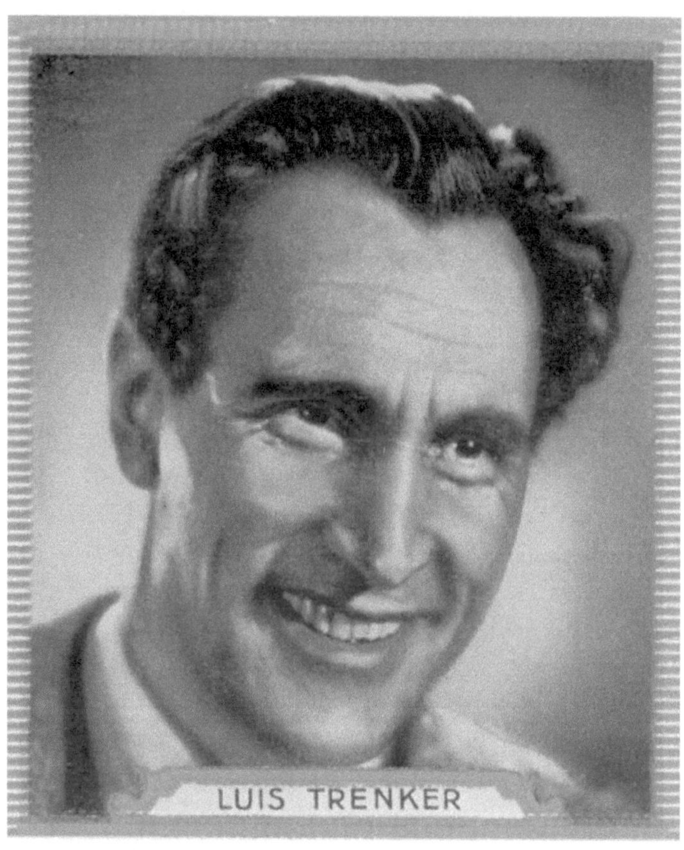

Bergsteiger Luis Trenker (1892–1990)
auf einem Sammelbild von 1934

Filmhandwerk und erwarb Kenntnisse über die Funktionen der Filmkamera. Am 17. Dezember 1926 feierte der Film „Der heilige Berg" im „UFA"-Palast am Zoo in Berlin seine Premiere. Vorher tanzte Leni zum letzten Mal auf der Bühne.

Nach „Der heilige Berg" machte Leni Riefenstahl als Hauptdarstellerin in den Fanck-Filmen „Der große Sprung" (1927), „Die weiße Hölle vom Piz Palü" (1929), „Stürme über dem Mont Blanc" (1930) sowie in dem Skisportfilm „Der weiße Rausch" (1931) Karriere. In „Der große Sprung" lernte Leni den Kameramann und Hauptdarsteller Hans Schneeberger (1895–1970) kennen und hatte mit ihm eine dreijährige Liebesbeziehung. „Die weiße Hölle vom Piz Palü" gilt als einer der letzten großen Stummfilme. In „Der weiße Rausch" waren Hannes Schneider und Rudi Matt, die Leiter der berühmten „Arlberger Skischule" in St. Anton, ihre Partner.

1931 folgte die Gründung der „Leni Riefenstahl Studio Film", deren alleinige Gesellschafterin Leni Riefenstahl war. Als Produzentin, Regisseurin und Hauptdarstellerin zugleich betätigte sie sich in dem Film „Das blaue Licht" (1932), der Adolf Hitler (1889–1945) besonders beeindruckt haben soll.

Beim Besuch einer Veranstaltung der Nationalsozialisten im Berliner „Sportpalast" am 27. Februar 1932 erfolgte das erste Aufeinandertreffen von Leni Riefenstahl mit Hitler. Laut Online-Lexikon „Wikipedia" war

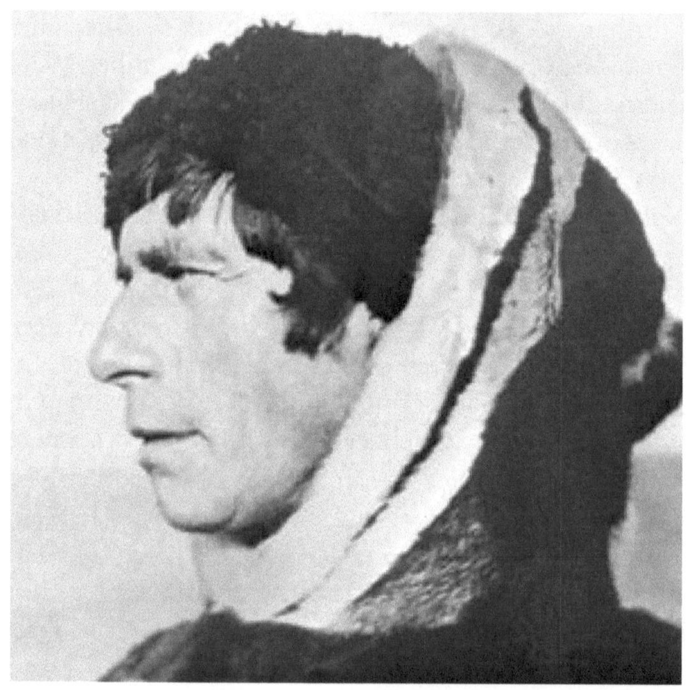

Polarforscher Knud Rasmussen (1879–1933)

Leni fortan „von der Intensität und Kraft seiner Sprache fasziniert und nach eigener Aussage infiziert von seiner Art". Hitler gefiel ihr so gut, dass sie ihn am 18. Mai 1932 brieflich um ein persönliches Treffen bat. Erste private Begegnungen zwischen den Beiden erfolgten am 22. und 23. Mai 1932 in Horumersiel bei Wilhelmshaven. Damals versprach Hitler: „Wenn wir an der Macht sind, müssen sie unsere Filme machen". Die beiderseitige Zuneigung von Riefenstahl und Hitler führte zu zahlreichen privaten Treffen. Leni war aber nie die Geliebte von Hitler, obwohl sie spürte, dass dieser sie „als Frau begehrte". Von 1932 bis 1945 fungierte sie als Reichsfilmregisseurin.

Für den Grönlandfilm „SOS Eisberg" (1933) unter der Regie von Arnold Fanck übernahm Leni Riefenstahl die weibliche Hauptrolle. Hierfür fungierte der dänische Polarforscher Knud Rasmussen (1879–1933) als Berater. Aus Artikeln über Erlebnisse in Grönland und aus Vorträgen über den Film entstand das Riefenstahl-Buch „Kampf in Schnee und Eis" (1933).

1934 drehte Leni Riefenstahl den Auftragsfilm „Triumph des Willens" über den Nürnberger Reichsparteitag der „Nationalsozialistischen Deutschen Arbeiterpartei" („NSDAP"). Die Wehrmacht, die 1934 nach dem Tod von Paul von Hindenburg (1847–1934) erstmals an einem Reichsparteitag teilnahm, fühlte sich in diesem Film zu wenig präsentiert. Deswegen drehte Leni den 28 Minuten langen Kurzfilm „Tag der Freiheit! – Unsere

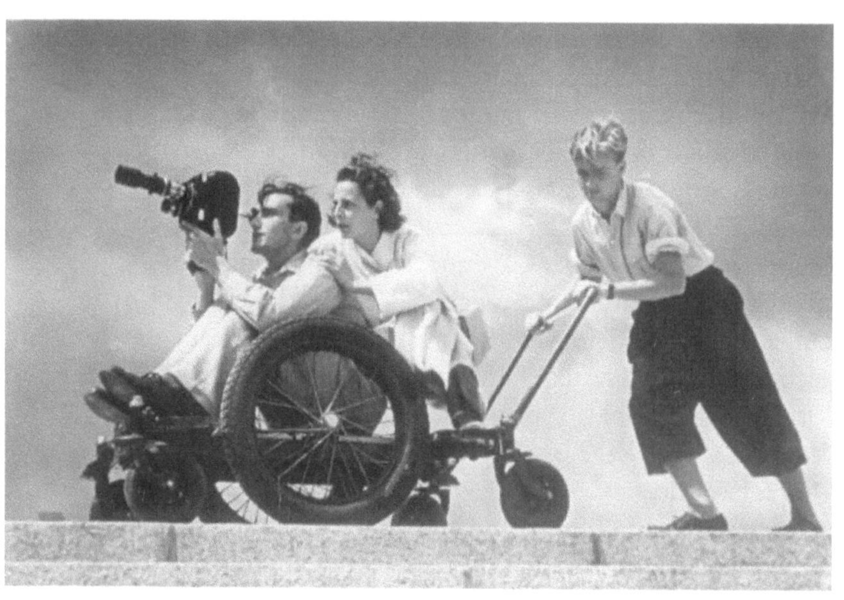

*Leni Riefenstahl (Mitte) im August 1936
mit einem Kameramann bei der Arbeit
für den Film über die „Olympischen Spiele 1936"*

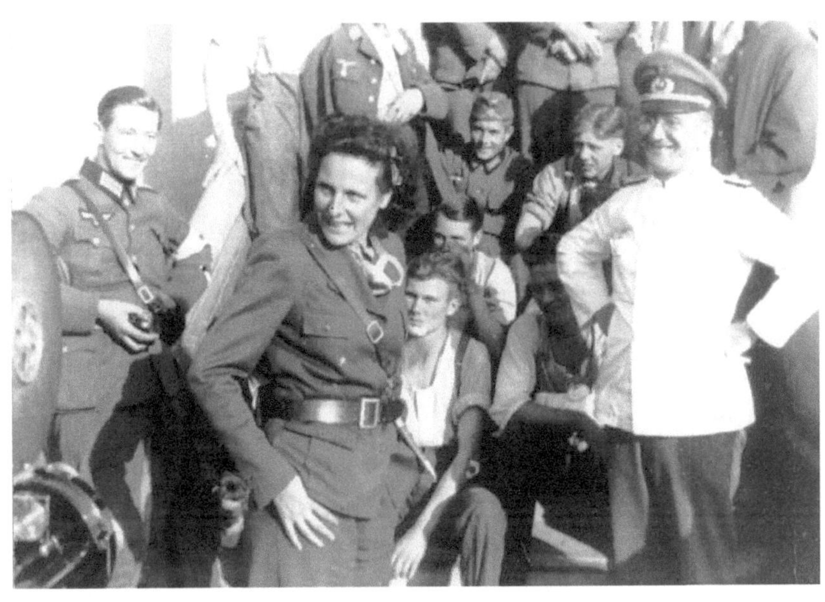

Leni Riefenstahl mit Pistole
beim Besuch deutscher Truppen (XIV. Armeekorps)
im Jahre 1939 in Polen

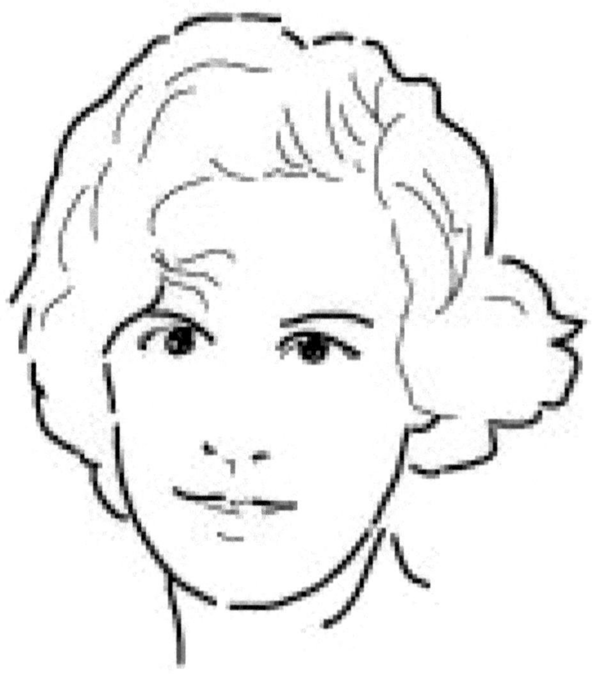

Leni Riefenstahl
auf einer Zeichnung von Eric Menneteau

Wehrmacht" über den Reichsparteitag von 1935. Von 1936 bis 1938 stellte sie auf Wunsch des „Internationalen Olympischen Komitees" („IOC") einen zweiteiligen Film über die „Olympischen Spiele 1936" in Berlin mit den Titeln „Olympia – Fest der Völker" und „Olympia – Fest der Schönheit" her.

1944 heiratete Leni Riefenstahl den Major Peter Jacob, von dem sie 1946 geschieden wurde. Nach dem Zweiten Weltkrieg warf man ihr vor, „mit politischer Naivität" dem „Dritten Reich" ihre Kunst geliehen zu haben, um ihre künstlerisch-ästhetischen Idealisierungen verwirklichen zu können.

Leni Riefenstahl selbst stritt den Propagandacharakter ihrer Dokumentarfilme immer ab und berief sich auf die vielen Preise, die ihre Filme international erhalten haben. Ihr Werk „Triumph des Willens" wurde 1935 in Venedig und 1937 mit der Goldmedaille in Frankreich ausgezeichnet. Die Streifen „Olympia – Fest der Völker" und „Olympia – Fest der Schönheit" sind 1939 nachträglich mit der olympischen Goldmedaille des „Internationalen Olympischen Komitees" („IOK") ausgezeichnet worden.

Jahrzehntelang musste sich Leni Riefenstahl gegen viele Verleumdungen wehren, mehr als 50 Prozesse führen, die sie alle gewann, und drei Entnazifizierungsverfahren durchstehen. Unbestritten ist, dass sie kein Mitglied der „NSDAP" war und nach dem Kurzfilm „Tag der Freiheit" (1935) keinen einzigen Film mehr für Hitler oder die „NSDAP" machte. Sogar im Krieg lehnte sie alle kriegswichtigen Filme ab und arbeitete an dem Film „Tiefland", ein spanisches Volksstück, in dem sie die Rolle einer Zigeuner-Tänzerin spielte. 1948 wurde sie von mehreren Spruchkammern als Mitläuferin eingestuft.

1954 wurde Leni Riefenstahls von 1940 bis 1945 gedrehter Film „Tiefland" gezeigt. Danach machte sie Fotoreportagen über den afrikanischen Stamm der Nuba im Sudan, dessen Sprache sie lernte. Mit diesen Menschen fühlte sie sich so verbunden, dass sie alle zwei Jahre mehrere Monate bei ihnen lebte. Diese Aufnahmen erschienen in den Magazinen „Life", „Stern" und „L'Europeo" sowie 1973 und 1976 in prächtigen Bildbänden.

1974 lernte Leni Riefenstahl als 72-Jährige tauchen, unternahm danach Exkursionen in tropische Meere und veröffentlichte Bildbände wie „Korallengärten" und „Wunder unter Wasser". Bei den „Olympischen Spielen 1972" in München war sie für das britische „Sunday Times Magazine" als Fotografin akkreditiert, und zu den „Olympischen Spielen 1976" in Montreal kam sie als Ehrengast des „IOK". 1987 erschienen unter dem Titel „Leni Riefenstahl – Memoiren" ihre Lebenserinnerungen, die bisher in neun Sprachen übersetzt wurden.

Leni Riefenstahls Fotos wurden in großen Ausstellungen in Tokio (1980), Kuopio/Finnland (1996) sowie Mailand und Rom (1996) gezeigt. Der anlässlich ihres 90. Geburtstages von Ray Müller gedrehte Film „Die Macht der Bilder", den der Fernsehsender „Arte" im Oktober 1993 sendete, ist am 22. November 1993 in New York mit dem „Emmy"-Award, dem begehrten „Fernseh-Oscar", ausgezeichnet worden.

Am 22. August 2002 feierte Leni Riefenstahl in Feldafing ihren 100. Geburtstag. Zahlreiche Stars waren ihre Gäste, beispielswiese die Zauberkünstler Siegfried und Roy, der Extrembergsteiger und Autor Reinhold Messner und die Fernsehmoderatorin und Schauspielerin Petra Schürmann (1933–2010). Der Berliner Operettentenor Heiko Reissi erfreute sie mit Melodien aus ihrer Jugendzeit und überreichte ihr als Präsident der „Internationalen Gesellschaft „BühnenReif" e.V." („ISSA") die Berufungsurkunde zum Ehrenmitglied.

Nach einem langen, arbeitsamen und erfolgreichen Leben schlief Leni Riefenstahl kurz nach ihrem 101. Geburtstag am 8. September 2003 um 22.50 Uhr in ihrem Haus in Pöckinig am Starnberger See sanft ein. Die Urne mit ihrer Asche wurde auf dem Münchner Waldfriedhof beigesetzt. Ihre langjährige Freundin, die Ärztin und Fernsehmoderatorin Antje-Katrin Kühnemann, hielt die Trauerrede.

Lieber Herr Probst –
meine Gratulation –
Ihr Buch "Superfrauen
Film und Theater" ist
ein Schatz für alle
Filmliebhaber.

Leni Riefenstahl

Jan. 2001

2000 veröffentlichte der Wiesbadener Autor Ernst Probst
die Taschenbücher „Superfrauen 7 – Film und Theater" und
„Superfrauen 8 – Fotografie und Malerei",
die beide jeweils eine Kurzbiografie über Leni Riefenstahl enthielten.
Über ersteren Titel schrieb Leni Riefenstahl,
dieser sei ein „Schatz für alle Filmliebhaber" (Seite 22).
Für eine CD-ROM mit ihrer Biografie bedankte sie sich
mit einer Autogrammkarte (siehe Seite 23).

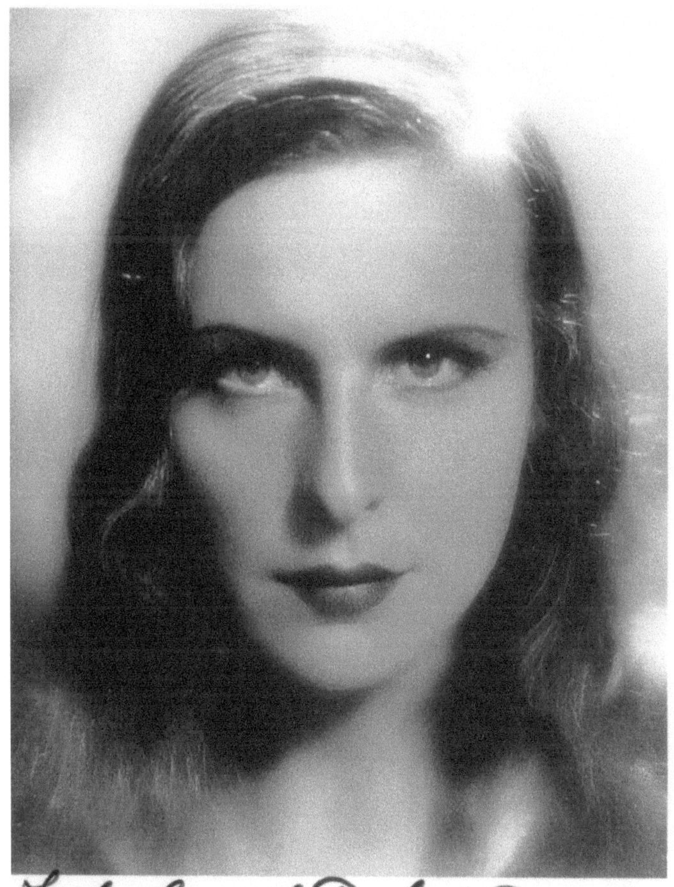
Lieber Ernst Probst - Dank
für die CD-Rom - herzlichst
Leni Riefenstahl

Regie- und Produktionsarbeiten von Leni Riefenstahl

1932: Das blaue Licht
1933: Sieg des Glaubens
1934: Triumph des Willens
1935: Tag der Freiheit! – Unsere Wehrmacht
1938: Olympia
Teil 1: Fest der Völker
Teil 2: Fest der Schönheit
1939: Reportage der Truppenparade von Adolf Hitler
in Warschau (Sonderfilmtrupp Riefenstahl)
1944 Dokumentarfilm Arno Breker – Harte Zeit,
starke Kunst (Regie: Arnold Fanck, Hans Cürlis,
Produktion: Riefenstahl-Film GmbH, Berlin).
1944: Atlantik-Wall (Regie: Arnold Fanck,
Produktion: Leni Riefenstahl, Auftraggeber: Joseph
Goebbels).
1954: Tiefland (Dreharbeiten im Wesentlichen
1940–1944, Uraufführung 11. Februar 1954)
2002: Impressionen unter Wasser

Quelle: Wikipedia

Leni Riefenstahl als Schauspielerin

1925: Wege zu Kraft und Schönheit – Ein Film über moderne Körperkultur
1926: Der heilige Berg – Regie Arnold Fanck
1927: Der große Sprung – Regie Arnold Fanck
1928: Das Schicksal derer von Habsburg – Regie Rudolf Raffé
1929: Die weiße Hölle vom Piz Palü – Regie Arnold Fanck und Georg Wilhelm Pabst
1930: Stürme über dem Mont Blanc – Regie Arnold Fanck
1931: Der weiße Rausch – neue Wunder des Schneeschuhs – Regie Arnold Fanck
1932: Das blaue Licht - Regie Leni Riefenstahl
1933: SOS Eisberg – Regie Arnold Fanck
1954: Tiefland (Dreharbeiten 1940–1944, Uraufführung 11. Februar 1954)

Quelle: Wikipedia

Bücher von Leni Riefenstahl

Kampf in Schnee und Eis, Leipzig 1933
Schönheit im olympischen Kampf, Berlin 1937
Die Nuba – Menschen wie von einem anderen Stern,
München 1973.
Die Nuba von Kau, München 1975.
Die Nuba, Köln (2000), Lizenzausgabe mit
Zusammenfassung der Bände Die Nuba (1973) und
Die Nuba von Kau (1975) in einer Ausgabe
Korallengärten, München 1978.
Mein Afrika, München 1982.
Memoiren, München und Hamburg 1987
Wunder unter Wasser, München 1990

Quelle: Wikipedia

Dokumentationen über Leni Riefenstahl

1993: Die Macht der Bilder – Regie Ray Mueller
2003: Leni Riefenstahl – Ein Traum von Afrika –
Regie Ray Mueller
2007: Hitlers nützliche Idole: Leni Riefenstahl l –
Die Regisseurin. Künstlerin und Opportunistin.
45 Minuten, ein Film von Oliver Halmburger
und Anja Greulich, Produktion: ZDF, Erstsendung:
20. März 2007

Quelle: Wikipedia

Literatur

FEMBIO Frauen-Biographie-Forschung
http://www.fembio.org
FILMMUSEUM POTSDAM (Herausgeber): Leni
Riefenstahl, Berlin 1999
FORD, Charles: Leni Riefenstahl. Schauspielerin,
Regisseurin und Fotografin, München 1982
INTERNET MOVIE DATABASE
(Film-Datenbank) http://www.imdb.com
KINKEL, Lutz: Die Scheinwerferin. Leni Riefenstahl
und das „Dritte Reich", Hamburg und Wien 2002
KREIMEIER, Klaus: Fanck – Trenker – Riefenstahl:
Der deutsche Bergfilm und seine Folgen, Berlin 1972
LEIS, Mario: Leni Riefenstahl, Reinbek bei Hamburg
2009
LENSSEN, Claudia: Die fünf Karrieren der Leni
Riefenstahl, epd-film, Nr. 1/1996, S. 27 –31
MITSCHERLICH, Margarete: Eine deutsche Frau -
Leni Riefenstahl. Aus: Über die Mühsal der Eman-
zipation, Frankfurt am Main 1990
MÜLLER, André: „Man will, dass ich mich schuldig
fühle – man will, dass ich tot bin" (Interview mit Leni
Riefenstahl), Die Weltwoche, Nr. 33, Zürich 2002

OBERWINTER, Kristina: Bewegende Bilder – Repräsentation und Produktion von Emotionen in Leni Riefenstahls Triumph des Willens, München/Berlin 2007

PROBST, Ernst: Superfrauen 7 – Film und Theater, Mainz-Kostheim 2001

PROBST, Ernst: Königinnen des Films, München 2012

PUBLIKUMSLIEBLINGE NICHT NUR VON GESTERN http://www.steffi-line.de Internetseite von Stephanie D'heil, Düsseldorf

RIEFENSTAHL, Leni: Memoiren, München und Hamburg 1987

ROTHER, Rainer: Leni Riefenstahl – Die Verführung des Talents, Berlin 2000

TASCHEN, Angelika (Herausgeber): Leni Riefenstahl – Fünf Leben. Eine Biografie in Bildern, Köln 2000

TREMPER, Will: Zum 95. Geburtstag von Leni Riefenstahl. Welt am Sonntag, S. 25, 17. August 1997, Hamburg

TRIMBORN, Jürgen: Riefenstahl: Eine deutsche Karriere, Berlin 2002

WIKIPEDIA (Online-Lexikon) http://wikipedia.org

WINNERT, Derek (Herausgeber): Kino. Die große Welt der Filme und Stars, Niedernhausen 1995

Bildquellen

Klaus Benz, Fotograf, Mainz-Laubenheim: 38

Eric Mennetrau: 18 (via Wikimedia Commons),
Lizenz: gemeinfrei

Ernst Probst, Autor, Mainz-Kostheim: 22, 23
Reproduktion eines Bildes aus dem Sammelalbum „Die bunte Welt des Films" der Zigarettenfabrik „Haus Bergmann" von 1934: 12

Reproduktion eines Fotos von Alexander Binder (1888–1929) von 1928: 6

Reproduktion eines Fotos von Karl Schenker (gestorben 1935) von 1923: 1

Reproduktion eines Fotos vor 1930: 14

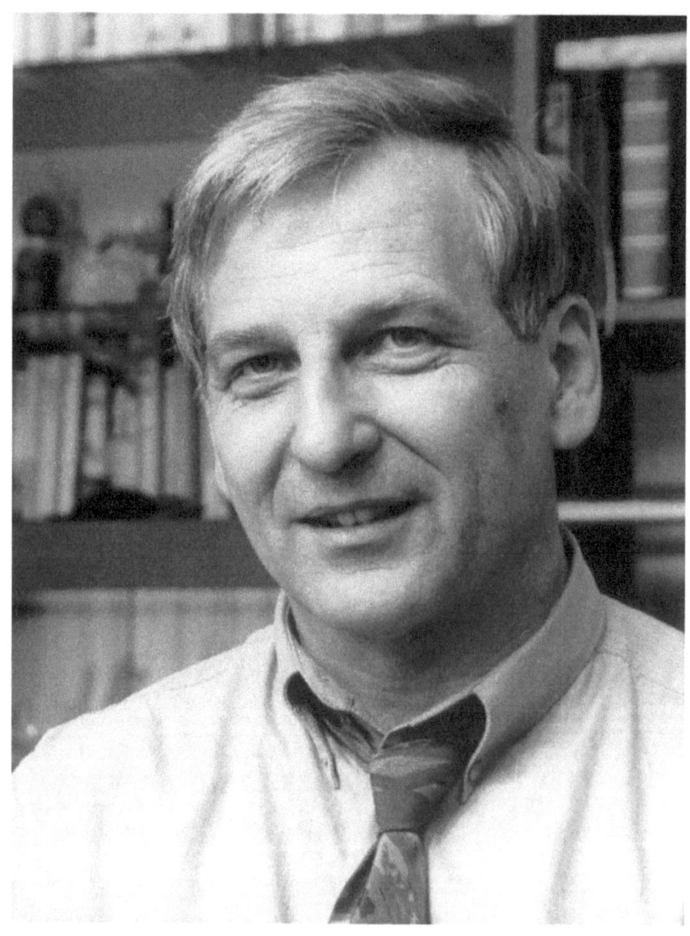

Autor Ernst Probst

Der Autor Ernst Probst

Ernst Probst, geboren am 20. Januar 1946 in Neunburg vorm Wald im bayerischen Regierungsbezirk Oberpfalz, ist Journalist und Wissenschaftsautor. Er arbeitete von 1968 bis 1971 als Redakteur bei den „Nürnberger Nachrichten", von 1971 bis 1973 in der Zentralredaktion des „Ring Nordbayerischer Tageszeitungen" in Bayreuth und von 1973 bis 2001 bei der „Allgemeinen Zeitung", Mainz. In seiner Freizeit schrieb er Artikel für die „Frankfurter Allgemeine Zeitung", „Süddeutsche Zeitung", „Die Welt", „Frankfurter Rundschau", „Neue Zürcher Zeitung", „Tages-Anzeiger", Zürich, „Salzburger Nachrichten", „Die Zeit", „Rheinischer Merkur", „Deutsches Allgemeines Sonntagsblatt", „bild der wissenschaft", „kosmos", „Deutsche Presse-Agentur" (dpa), „Associated Press" (AP) und den „Deutschen Forschungsdienst" (df). Aus seiner Feder stammen die Bücher „Deutschland in der Urzeit" (1986), „Deutschland in der Steinzeit" (1991) und „Deutschland in der Bronzezeit" (1996). Von 2001 bis 2006 betätigte sich Ernst Probst als Buchverleger sowie zeitweise als internationaler Fossilienhändler und Antiquitätenhändler. Insgesamt veröffentlichte er rund 200 Bücher, Taschenbücher, Broschüren und E-Books.

Bücher von Ernst Probst

(Auswahl)

Als Mainz noch nicht am Rhein lag

Annie Oakley
Die Meisterschützin des Wilden Westens

Archaeopteryx. Der Urvogel
aus Bayern

Christl-Marie Schultes. Die erste Fliegerin in Bayern
(zusammen mit Theo Lederer)

Cortés und Malinche. Der spanische Eroberer
und seine indianische Geliebte

Der Europäische Jaguar

Der Mosbacher Löwe
Die riesige Raubkatze aus Wiesbaden

Der Rhein-Elefant
Das Schreckenstier von Eppelsheim

Die Dolchzahnkatze Megantereon

Die Dolchzahnkatze Smilodon

Die Säbelzahnkatze Homotherium

Die Säbelzahnkatze Machairodus

Die Schweiz in der Frühbronzezeit

Die Rhône-Kultur in der Westschweiz

Die Arbon-Kultur in der Schweiz

Die Schweiz in der Mittelbronzezeit

Die Schweiz in der Spätbronzezeit

Dinosaurier von A bis K. Von Abelisaurus
bis zu Kritosaurus

Dinosaurier von L bis Z. Von Labocania
bis zu Zupaysaurus

Eiszeitliche Geparde in Deutschland

Eiszeitliche Leoparden in Deutschland

Frauen im Weltall

Hildegard von Bingen. Die deutsche Prophetin

Höhlenlöwen. Raubkatzen
im Eiszeitalter

Julchen Blasius
Die Räuberbraut des Schinderhannes

Katharina II. die Große.
Die Deutsche auf dem Zarenthron

Johann Jakob Kaup
Der große Naturforscher aus Darmstadt

Königinnen der Lüfte in Deutschland

Königinnen der Lüfte in Europa

Königinnen der Lüfte in Amerika

Königinnen der Lüfte von A bis Z

Rund 70 Kurzbiografien berühmter Fliegerinnen,
Ballonfahrerinnen, Luftschifferinnen,
Fallschirmspringerinnen, Astronautinnen und
Kosmonautinnen

Königinnen des Films

Königinnen des Tanzes

Königinnen des Theaters

Malende Superfrauen

Meine Worte sind wie die Sterne

Die Entstehung der Rede des Häuptlings Seattle
(zusammen mit Sonja Probst)

Monstern auf der Spur
Wie die Sagen über Drachen, Riesen
und Einhörner entstanden

Neues vom Ur-Rhein
Interview mit dem Geologen und Paläontologen
Dr. Jens Sommer

Österreich in der Frühbronzezeit

Österreich in der Mittelbronzezeit

Österreich in der Spätbronzezeit

Pompadour und Dubarry. Die Mätressen
von Louis XV.

Raub-Dinosaurier von A bis Z.
Mit Zeichnungen von Dmitry Bogdanav
und Nobu Tamura

Rekorde der Urmenschen
Erfindungen, Kunst und Religion

Rekorde der Urzeit
Landschaften, Pflanzen und Tiere

Säbelzahnkatzen. Von Machairodus
bis zu Smilodon

Säbelzahntiger am Ur-Rhein. Machairodus
und Paramachairodus

Superfrauen aus dem Wilden Westen

Superfrauen 1 – Geschichte

Superfrauen 2 – Religion

Superfrauen 3 – Politik

Superfrauen 4 – Wirtschaft und Verkehr

Superfrauen 5 – Wissenschaft

Superfrauen 6 – Medizin

Superfrauen 7 – Film und Theater

Superfrauen 8 – Literatur

Superfrauen 9 – Malerei und Fotografie

Superfrauen 10 – Musik und Tanz

Superfrauen 11 – Feminismus und Familie

Superfrauen 12 – Sport

Superfrauen 13 – Mode und Kosmetik

Superfrauen 14 – Medien und Astrologie

Tony und Bruno Werntgen. Zwei Leben für die Luftfahrt
(zusammen mit Paul Wirtz)

Was ist ein Menhir?
Interview mit dem Mainzer Archäologen
Dr. Detert Zylmann

Weisheiten der Indianer

Wer ist der kleinste Dinosaurier?
Interviews mit dem Wissenschaftsautor Ernst Probst

Wer war der Stammvater der Insekten?
Interview mit dem Stuttgarter Biologen
und Paläontologen Dr. Günther Bechly

Zenobia von Palmyra.
Eine Frau kämpft gegen die Römer

Bestellungen bei: http://www.grin.com